Mi biblioteca de física

Energía solar

Kaitlyn Duling y Pablo de la Vega

Rourke Educational Media
A Division of Carson Dellosa Education

rourkeeducationalmedia.com

CONEXIONES ROURKE

de la ESCUELA a la CASA

ANTES Y DURANTE LAS ACTIVIDADES DE LECTURA

Antes de leer: *construcción de los conocimientos del contexto y el vocabulario*

Construir los conocimientos del contexto puede ayudar a los niños a procesar nuevas informaciones y fortalecer los saberes que ya poseen. Antes de leer un libro es importante ahondar en lo que los niños ya saben sobre el asunto. Esto les ayudará a desarrollar el vocabulario e incrementar su comprensión lectora.

Preguntas y actividades para construir los conocimientos del contexto

1. Mira la tapa del libro y lee el título. ¿De qué piensas que tratará el libro?
2. ¿Qué sabes ya de ese tema?
3. Hojea un libro y echa un vistazo a sus páginas. Mira el índice, las fotografías, los pies de foto y las palabras en negritas. ¿Estas características del texto te dan alguna información o intuiciones acerca de lo que vas a encontrar en el libro?

Vocabulario: el vocabulario es clave para la comprensión lectora

Sigue estas indicaciones para iniciar una conversación acerca de cada palabra.

- Lee las palabras del vocabulario
- ¿Qué viene a tu mente cuando ves cada palabra?
- ¿Qué piensas que significa cada palabra?

Palabras del vocabulario:
- *energía*
- *poderoso*
- *quemadura*
- *solares*

Durante la lectura: *leer para entender y encontrar significados.*

Para lograr una comprensión profunda de un libro, hay que animar a los niños a hacer uso de estrategias de lectura atenta. Durante la lectura, es importante que los niños hagan pausas y conexiones. Dichas conexiones dan como resultado análisis más profundos y un mejor entendimiento del libro.

Leyendo con atención un texto

Durante la lectura, pide a los niños que hagan una pausa y hablen de lo siguiente:

- Cualquier parte confusa.
- Cualquier palabra desconocida.
- Texto con texto, texto con uno mismo, texto en conexión con el mundo.
- La idea principal de cada capítulo o encabezado.

Anima a los niños a usar claves contextuales para determinar el significado de cualquier palabra desconocida. Estas estrategias ayudarán al niño a aprender a analizar el texto de manera más completa durante la lectura

Cuando acabes de leer este libro, ve a la última página para encontrar una **actividad posterior a la lectura.**

Índice

Nuestro poderoso Sol

¿Ves esa estrella brillante?
¡Es el Sol!

El Sol es enorme. Es **poderoso**.

Los seres vivos necesitan del Sol.

Nos proporciona calor.

El Sol calienta los océanos y el viento.

Cuando brilla, no sientes frío.

La luz del Sol

El Sol nos da luz.

Durante el día, nos ayuda a ver.

Los días nublados tienen menos luz.

El Sol está cubierto.

Demasiada luz del Sol puede causarnos una **quemadura**. ¡Auch!

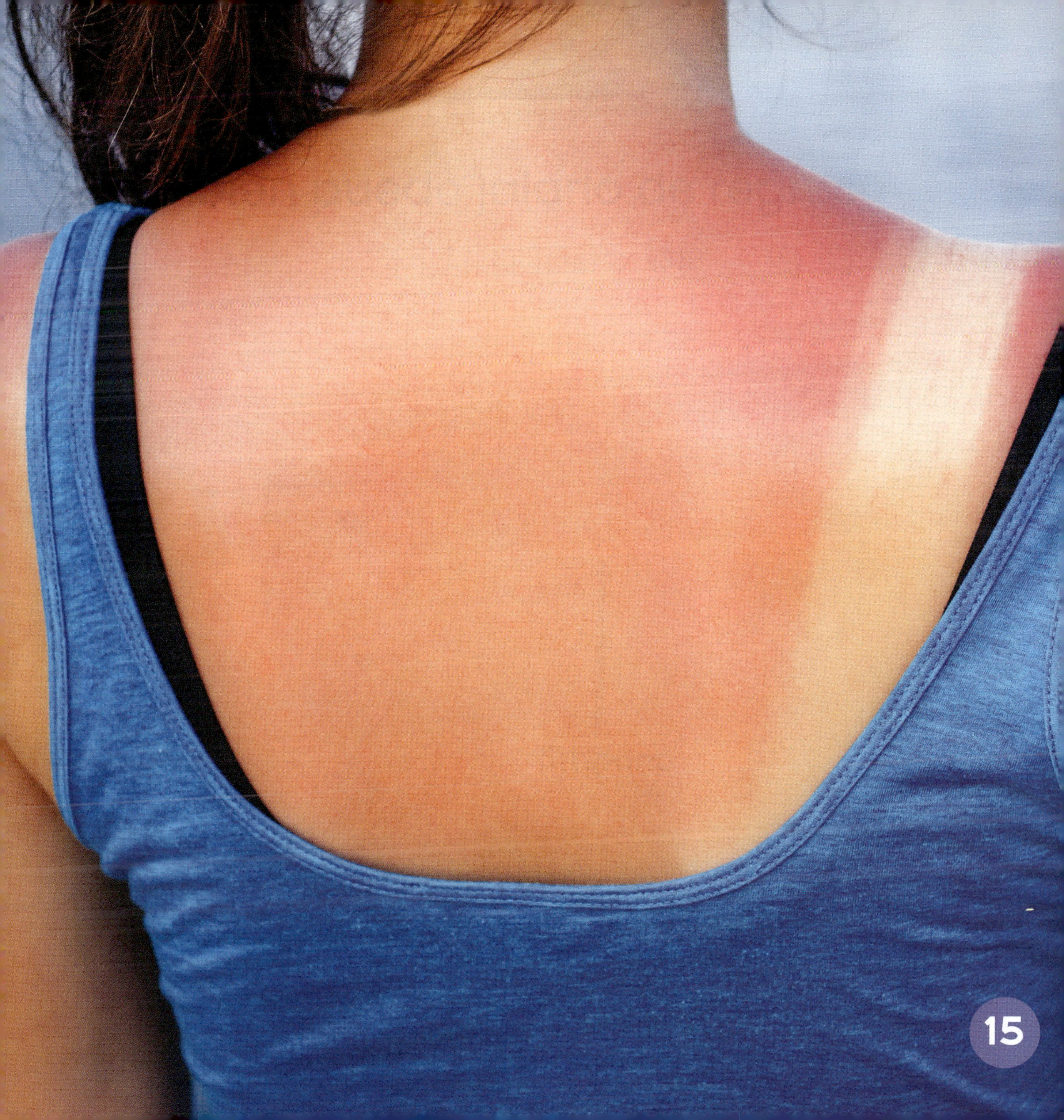

La energía solar

El Sol nos da **energía**.

Las plantas necesitan energía para crecer. ¡Las plantas que comes te dan energía que viene del Sol!

La energía solar puede crear electricidad para nuestra casa.

Los páneles **solares** absorben la energía.

La energía solar nos permite encender la luz y cargar el teléfono.

¡Gracias, Sol!

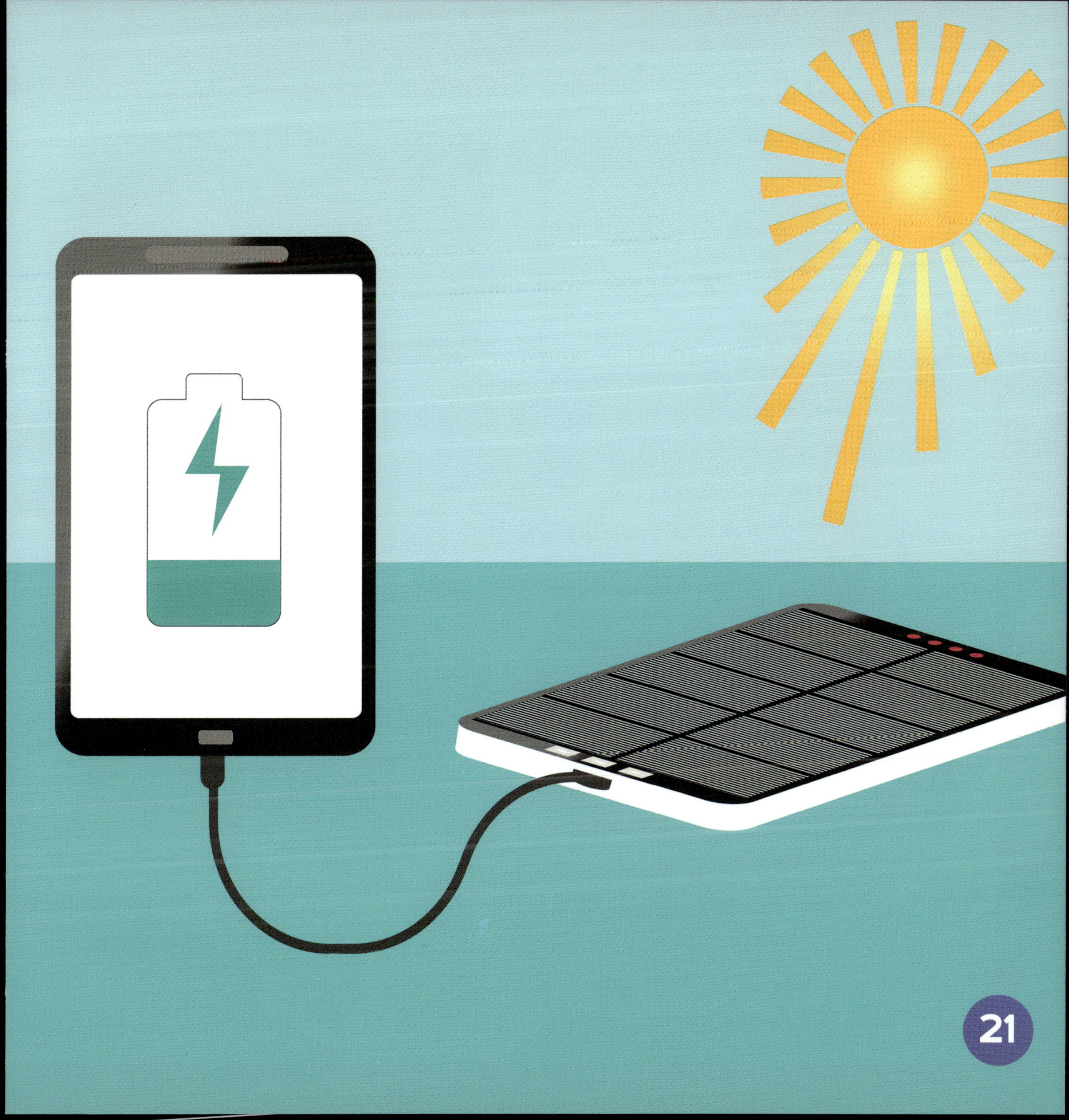

Glosario fotográfico

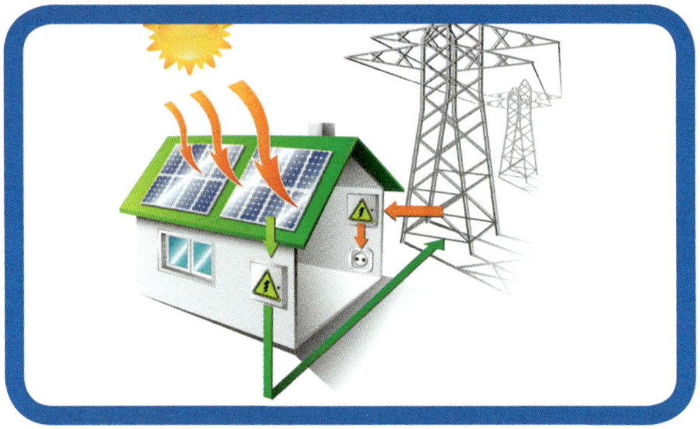

energía: la capacidad de hacer un trabajo. Poder del Sol u otras fuentes que hace que las máquinas funcionen.

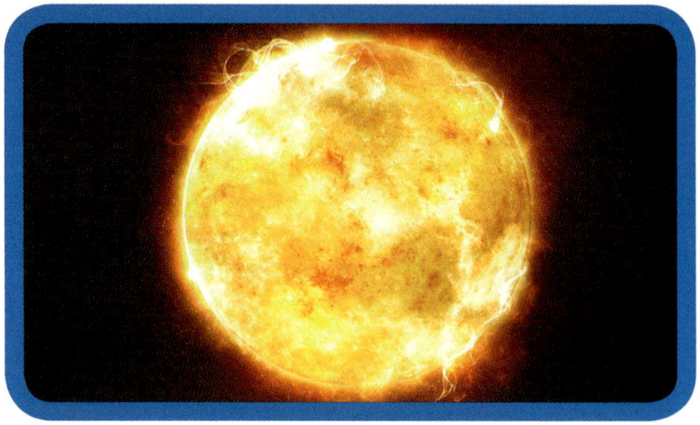

poderoso: que tiene mucha fuerza.

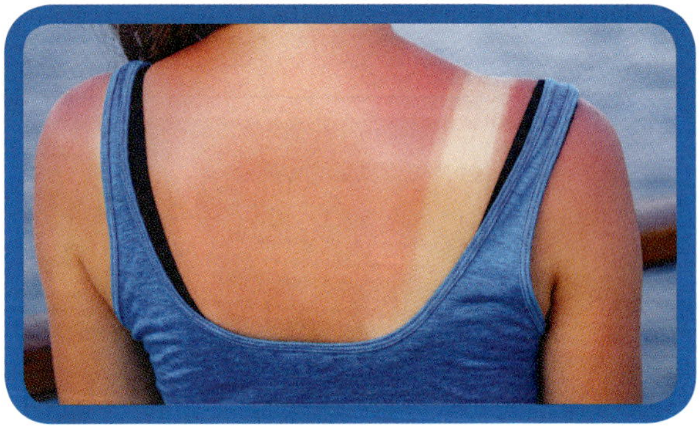

quemadura: enrojecimiento o surgimiento de ampollas en la piel causados por fuego, calor excesivo o demasiado tiempo bajo el Sol.

solar: que tiene relación con el Sol. Los páneles solares usan la energía del Sol para crear electricidad.

Actividad

El poder del Sol en acción

¡Ve el poder del Sol de cerca! Predice y observa los efectos del Sol en varios proyectos.

Qué necesitas

- molde para magdalenas
- moneda
- crayón
- cubo de hielo
- trozo de queso
- trozo de chocolate
- bloque plástico de juguete
- trozo de papel

Instrucciones

1. Coloca cada objeto en cada una de las secciones del molde para magdalenas.
2. Coloca el molde para magdalenas al aire libre. Asegúrate de que esté bajo el Sol.
3. Adivina qué pasará. ¿Qué objetos se derretirán? ¿Cuáles no?
4. Luego de una hora, mira los objetos en el molde. ¿Qué sucedió?
5. Anota tus observaciones.

Índice analítico

Sobre la autora

Kaitlyn Duling es una lectora y autora consumada que creció en Illinois. Ahora vive en Washington, D.C. Kaitlyn ha escrito más de 60 libros para niños y adolescentes. Puedes conocer más acerca de ella en www.kaitlynduling.com (página en inglés).

Actividad posterior a la lectura

El Sol llena el cielo de día. En la noche, vemos la Luna. Haz una lista de todo lo que sabes sobre el Sol. Haz una segunda lista sobre la Luna. ¿En qué se parecen estos objetos? ¿En qué se diferencian?

Library of Congress PCN Data

Energía solar / Kaitlyn Duling y Pablo de la Vega
(Mi biblioteca de Física)
ISBN 978-1-73162-953-1 (hard cover - spanish)(alk. paper)
ISBN 978-1-73162-945-6 (soft cover - spanish)
ISBN 978-1-73162-959-3 (e-Book - spanish)
ISBN 978-1-73163-368-2 (ePub - spanish)
ISBN 978-1-73161-413-1 (hard cover - english)(alk. paper)
ISBN 978-1-73161-208-3 (soft cover - english)
ISBN 978-1-73161-518-3 (e-Book - english)
ISBN 978-1-73161-623-4 (ePub - english)
Library of Congress Control Number: 2019945801

Rourke Educational Media
Printed in the United States of America,
North Mankato, Minnesota

www.rourkeeducationalmedia.com

Edición: Keli Sipperley
Tapa y diseño interior: Nicola Strafford
Traducción: Pablo de la Vega
Edición en español: Base Tres

Photo Credits: cover logo: frog © Eric Phol, test tube © Sergey Lazarev, cover tab art © siridhata, cover photo © Kletr, page background art © Zaie; pages 4-5 © Iakov Kalinin, inset photo © Amanda Carden; pages 6-7 © Matthew Dixon; page 8 © Willyam Bradberry, page 9 © Subbotina Anna; pages 10-11 © Monkey Business Images; pages 12-13 © Old River; page 15 © yurakrasil; pages 16-17 © Tee11; page 18 © Artco, page 19 © Alessandro28; page 21 © Zentangle. All images from Shutterstock.com.